COLONIES AGRICOLES

DE L'ALGÉRIE.

Paris. — Imprimerie de Cosse et J. Dumaine, rue Christine, 2.

COLONIES AGRICOLES

DE

L'ALGÉRIE.

PAR M. LE GÉNÉRAL DE DIVISION

LE PAYS DE BOURJOLLY.

PARIS,

LIBRAIRIE MILITAIRE DE J. DUMAINE,

Ancienne maison Anselin,

RUE ET PASSAGE DAUPHINE, 36.

1849

COLONIES AGRICOLES
DE L'ALGÉRIE.

Rappelé en Afrique pour y faire l'inspection générale de la cavalerie, j'ai revu cette terre avec toute la sympathie d'un soldat qui a combattu pour elle, et d'un homme qui a voulu l'assimiler à sa patrie.

Si on se rappelle, en effet, qu'en 1841, à mon retour d'Algérie, encouragé par quelques amis qui m'en faisaient presque un devoir, je publiai deux brochures, accueillies avec un indulgent empressement, dans lesquelles j'avais consigné mes idées sur cette question à l'ordre du jour, on ne sera pas étonné de l'intérêt qu'excitait en moi la vue de ces lieux où je retrouvais les traces et les souvenirs de mon séjour, des réflexions qui m'étaient suggérées, de la profonde attention avec laquelle j'étudiais de nouveau la situation, les progrès, les améliorations, les besoins de la terre africaine.

C'est que, depuis cette époque, de graves événements ont passé sur l'Algérie. Abd-el-Kader est devenu notre prisonnier. Le maréchal Bugeaud est mort, et dort maintenant enveloppé dans le linceul de sa gloire; une révolution a changé le Gouvernement en France, et a étendu son influence sur le sol de l'Afrique.

Dès-lors, je comparais ce qu'était l'Algérie et ce qu'elle est aujourd'hui. J'examinais les changements faits, les progrès essayés, les améliorations tentées, les résultats obtenus, et je cherchais de nouveau la solution de ces problèmes envisagés sous le point de vue de la nouvelle situation de l'Algérie et du nouveau Gouvernement de la France.

Ce Gouvernement, il faut lui rendre cette justice, qu'au milieu des événements politiques et des agitations de toutes sortes, il s'est préoccupé de l'Algérie, et les efforts qu'il a tentés sur ce point étaient d'autant plus épineux que la propre situation de la France lui commandait une grande réserve pour les finances et pour la valeur numérique de l'armée. Aussi nous hatons-nous de rendre hommage à sa sollicitude et à ses intentions. Mais ces intentions ont-elles été couronnées de succès? Ces mesures ont-elles été complètes et opportunes? A-t-il été, enfin, assez éclairé sur la situation de l'Algérie pour les prendre en connaissance de cause?

Ce sont les questions qui m'ont surtout préoccupé en Afrique, et c'est le résultat des réflexions et des idées d'un homme qui a vu et médité, que je viens consigner ici.

J'ai dit dans mes premières brochures que la conquête de l'Afrique n'était pas terminée, puisqu'elle ne laissait pas la possession paisible au vainqueur; et je répète encore aujourd'hui la même chose, malgré la prise d'Ab-el-Kader, malgré le temps de notre domination sur les Arabes qui s'est écoulé depuis. L'Algérie est seulement comprimée et contenue, et est loin de renoncer encore à secouer notre joug. Chaque jour de nouveaux complots, de nouvelles trames s'ourdissent autour de nos forces, que les Arabes cherchent à surprendre, qu'ils ont l'espoir d'écraser. Si cette révolte n'est pas aussi patente, elle n'en existe pas moins; si la guerre a en quelque sorte cessé au grand jour par l'absence d'un chef, elle n'en est pas moins prête à éclater au moindre signal du premier schérif qui inspirerait confiance à cette population frémissante dans le cœur de laquelle ne cessent de pousser tous les germes d'insurrection. Sans entrer dans de longs développements à cet égard, mais jaloux d'en donner la preuve, je rappellerai brièvement ce qui s'est passé cette année.

Des expéditions ont eu lieu au printemps, sur les premières tribus du versant du Djurjura , et surtout sur les premières tribus kabyles qui entourent la partie de l'ouest de la Kabylie, dont les débouchés se dirigent vers Alger. C'est qu'en effet de la Kabylie partait la propagande d'insurrection qui tendait à s'étendre jusques aux portes d'Alger par les tribus environnantes qui, trop comprimées par nos forces, avaient besoin de secours pour songer à secouer notre domination. Les kabyles du Dhara s'entendaient en outre avec ceux de la grande Kabylie, et le mouvement menaçait de devenir général de ce côté, lorsque nos expéditions ont soumis ces populations à l'influence de notre force, et tout est rentré dans le calme. Les environs d'Aumale seuls se sont maintenus dans une agitation croissante, mais la guerre énergique qui a été faite de ce côté a tout apaisé. Enfin, l'état d'insoumission de la province de Constantine a gagné la vallée de l'Oüed Sahel, auquel elle confine.

C'est donc dans cet état qu'était l'Algérie lorsque le Gouvernement, tournant les yeux vers cette province, a décrété l'établissement des colonies agricoles. Et, par ce préambule, je n'entends nullement le blâmer et prétendre qu'il ne fallait rien faire, mais poser la situation pour être plus à même de résoudre la question de préparatifs, si indispensables à la fondation d'une colonie, et par suite celle de l'opportunité.

Sans nous préoccuper des considérations morales et politiques qui ont pu déterminer la fondation des colonies agricoles dans un court espace de temps, je me bornerai à dire qu'un décret de septembre 1848 affecta une somme de 50 millions à la colonisation algérienne, et chargea l'autorité militaire de ce soin. Or, dès le mois d'octobre, les convois partaient de Paris en se succédant.

Saisie à l'improviste, l'autorité militaire fit les plus nobles efforts pour arriver à temps ; et la tâche était rude. Il fallait dans un si court espace déterminer les emplacements des villages, refouler pour cela les populations indigènes qui occupaient le sol, faire des abris, tracer des communications, réunir des approvisionnements, etc., et tout cela au moment où la mauvaise saison commençait. Cependant, elle en vint à bout par son zèle et son activité ; elle fit aussi bien que possible, mais ce bien fut-il satisfaisant ? Évidemment non, et presque toujours par des circonstances indépendantes de sa volonté.

D'abord, l'emplacement des colonies agricoles fut pris loin des centres, loin de portée de la protection que l'autorité militaire doit accorder aux colons, et par conséquent mal disposé pour la défense.

Cette première faute était d'autant plus imprudente, que la manière dont on s'y était pris pour avoir ces emplacements avait excité chez les Arabes le mécontentement le plus vif.

En effet, dans beaucoup de localités, pour la création des colonies agricoles, il a fallu disposer des terres appartenant aux Arabes, les exproprier en les indemnisant ailleurs, à la vérité ; mais à peine étaient-ils établis dans ces nouveaux endroits qu'on les expropriait encore pour les refouler plus loin. Cette manière d'opérer, toute légale et juste qu'elle soit, prouvait tout le contraire aux Arabes, et l'on en sera facilement convaincu si l'on consulte leurs mœurs. Il eût été bien moins dangereux de les déposséder ouvertement dans le principe de la conquête ; si, dès l'abord, le vainqueur eût refoulé le vaincu, tout était légalisé par le droit de la guerre ; et l'Arabe, dans ses habitudes de justice, ne s'en serait pas révolté, car c'eût été le droit de la force, le seul qu'il reconnaisse. Mais aujourd'hui qu'il est exproprié sans pouvoir bien comprendre la nécessité de nos lois au point de vue de l'intérêt général, après qu'on l'a laissé pendant tant d'années paisible possesseur de ses biens, après que rien ne lui avait fait prévoir cette mesure, il se regarde comme spolié malgré la compensation qu'on lui donne d'autres terres sur d'autres points. Car les nouvelles terres, fussent-elles supérieures, ne représentent pas pour lui

celle où dort son père, où ses enfants sont nés,
où il a vécu si longtemps, où s'attachent tant de
souvenirs. De là, la révolte naturelle que l'injus-
tice fait naître dans le cœur des hommes, la haine
qui s'amasse, le désir de vengeance qui se fait
jour, et, plus tard peut-être, cette question générale de propriété renaîtra plus palpitante, et
se traduira par une insurrection.

Tout cela était un motif de plus pour placer la
population européenne sous la protection de l'autorité militaire par sa situation ; mais si les circonstances et la hâte qu'on avait d'exécuter le
décret ne l'ont pas permis dans certains endroits,
il en est d'autres où on le pouvait, rien qu'en
exécutant les lois qu'on a si rigoureusement
appliquées aux Arabes et qu'on a éludées pour
les Européens.

La plaine de la Mitidja, cette plaine si fertile,
si couverte de magnifiques moissons au moment
de la prise de possession du pays, à la porte
d'Alger et attenant au Sahel, est aujourd'hui in-
culte aux trois quarts. N'était-il pas conséquent et
logique de l'occuper, de la mettre en culture, d'y
établir des colons avant de les envoyer tous à qua-
rante lieues d'Alger? C'était sans doute l'intention
de l'autorité militaire, mais elle a été paralysée par
les actes de concession de ces terres, et les proprié-
taires n'ont pas été expropriés comme les Arabes,

et pourtant, ils auraient pu, ils auraient même dû l'être : car les lois et ordonnances dans le cahier des charges, pour les concessions faites, imposent au Gouvernement l'obligation du retrait des terres concédées, dans le délai d'un an, si ces terres sont restées incultes. Cette mesure eût été aussi juste que salutaire ; mais on s'est arrêté devant les questions de personnes, et au risque de blesser les Arabes, de compromettre la colonisation, on a préféré accorder cet avantage aux concessionnaires, d'attendre la plus-value de leurs terres sans dépenses et sans travail.

On le voit donc, en agissant ainsi que la prudence et l'équité le commandaient, on aurait acquis ce double avantage de ne pas mécontenter les Arabes et de placer la majeure partie des colons près des grands centres dont le voisinage eût fait leur sécurité.

Aux inconvénients généraux que nous signalons s'en joignent d'autres partiels que nous pourrions citer, sur la privation des ressources que la situation même du sol doit fournir à la colonisation. Ainsi, sans vouloir ici multiplier les exemples, nous signalerons, dans la province d'Alger, le village projeté de Bourkika, beaucoup trop bas dans les plaines où il n'aura d'eau que par les pluies. Le climat est tel que les fièvres y doivent certainement sévir, et que pen-

dant les nuits d'été, les colons seront incessam-
ment tourmentés par les moustiques. Ponteba
et la ferme, dans la subdivision d'Orléansville,
sont fort éloignés des bois et n'ont d'eau que celle
du Chelif. Enfin, une infinité d'autres villages,
qu'il serait trop long d'énumérer, manquent de
fourrages, aliment indispensable à la culture,
et beaucoup d'autres ont des défrichements à
opérer.

Pour parer à tous ces désavantages, indispensables, comme on vient de le voir, dans la pré-
cipitation qu'on a cru devoir mettre, dans les
concessions qu'on a cru devoir respecter, a-t-on
du moins cherché à composer le personnel des
colons, de manière à ce qu'ils pussent vaincre les
difficultés? Hélas! non; la plus grande rapidité a
présidé aux diverses opérations, en France
comme en Afrique. On a reçu en France, pour
aller coloniser, à peu près tout ce qui se présen-
tait. Or, les avantages offerts au colon, l'abri,
la terre, les bestiaux, la nourriture pendant les
premiers temps, ont tenté une foule de malheu-
reux qui ne trouvaient pas leur existence en
France. Les uns sont partis avec le seul espoir
de pouvoir vivre, d'autres dans celui de donner
un commencement de valeur aux terres et de les
revendre après pour revenir en France, d'autres
dans celui de faire fortune d'une manière quel-

conque; le petit nombre dans la ferme volonté de devenir réellement colons. De cet état de choses, il est résulté que des gens éloignés par leurs habitudes des rudes travaux des champs, tels que horlogers, menuisiers, bijoutiers, tisserands, serruriers, etc., ont essayé de se transformer en cultivateurs ; mais, arrivés sur le sol africain, il n'ont pu se résigner à la nouvelle existence de labeur qui leur était faite. Ignorants, loin de leur pays, sans ouvrage et sans force, ils se sont rapidement dégoûtés ; les femmes elles-mêmes ont apporté au sein de ces colonies naissantes leurs habitudes parisiennes. Croirait-on, pour n'en donner qu'un détail, que ces femmes de colons, qui devraient tout faire dans un ménage, ne blanchissent pas même leur linge, et qu'il existe pour elles une blanchisseuse ? Par ce seul exemple, on peut juger de ce qu'ont pu faire des gens de métier, si éloignés de la culture des champs. Une partie a pris son mal en patience et a accepté les avantages de la colonie comme une prime donnée à la paresse ; l'autre n'a pu s'acclimater, ou du moins son intempérance contribuant à la rendre malade, est partie ou a cessé de vivre. Pour citer encore quelques exemples, nous dirons qu'il est des colons qu'on a empêchés de dissiper leurs semences, de briser leurs instruments aratoires, de laisser périr leurs bestiaux. On a vu, dans certaines colonies, des colons laisser leurs bœufs plusieurs jours sans boire et les nourrir avec du blé tout le temps de la récolte, plutôt que de leur couper du foin qui abondait sur les lieux; d'autres, profitant de la permission donnée aux soldats du génie, de travailler à la culture, les emploient à défricher les terres, à les ensemencer, enfin à faire la récolte, tandis qu'ils restent des journées entières dans des lieux de plaisir ou au cabaret; d'autres enfin passent leur temps à chasser, et, quand on veut les contraindre à travailler ou à s'en aller, ils répondent : « J'ai trois ans pour mettre ma terre en culture; jusque-là, vous n'avez rien à me dire et vous devez me nourrir, même à rien faire. » Il résulte de tout cela qu'un tiers tout au plus a résisté et finira par devenir colon sérieux. Or, même en acceptant ce chiffre, quelle somme effrayante chaque colon ne présente-t-il pas pour nos finances? Faisons le calcul de ce que coûtera une famille au bout de trois ans, terme fixé par le décret.

En portant à 7,000 francs les dépenses occasionnées par chaque famille, je crois qu'on reste au-dessous de la vérité.

La maison coûte en moyenne. . . . . :	1800 f.
Frais approximatifs de barraquement.	200
Frais de défrichement pour 7 hect., à 150 fr. par hectare.	1050
Rations de vivres pour quatre personnes pendant 3 ans. .	1927
Une truie.	80
Un bœuf.	100
Une charrue pour cinq familles (par famille).	16
Réparations de cette charrue pendant 3 ans.	50
Une charrette pour dix familles (part de l'une). . .	20
Réparations pendant 3 ans.	25
Total. . . .	5268

Joignez à cela :

Frais généraux à Paris. . . . .

Transport de France en Afrique. . . . .

Rations d'orge données pendant 4 ou 5 mois. . . . . .

2 quintaux de semences que l'on sera certainement obligé
de doubler et même de renouveler plusieurs fois. . . .

Prestations extra-réglementaires, telles que linges, vête-
ments que les colons doivent payer et qu'ils ne paieront
jamais. (Des colons sont déjà partis avec des débets d'un
compte de 100 fr.). . . . .

Etat-major, directeurs, inspecteurs, greffiers, moniteurs
d'agriculture, médecins, commis, prêtres, etc. . . . .

Transport des malades aux hôpitaux centraux. . . . .

Pour médicaments à l'hôpital, pharmacie, outils, leurs réparations et leur remplacement. . . . .

Travaux d'utilité publique, chemins, conduite d'eau,
églises, etc., etc. . . . .

La non-réussite de la moitié des familles aug-
mentera singulièrement le prix de revient de
celles qui resteront. Il faut encore faire entrer
en ligne de compte les secours que l'on sera
obligé de donner après les trois ans.

Maintenant, si on ajoute au chiffre 7,000 francs les dépenses occasionnées en pure perte par les morts, les retours en France ou les non-succès, on verra à quelle somme énorme on arrive. Le Trésor ne peut suffire à de pareilles dépenses pour obtenir un résultat aussi négatif.

Et, cependant, il faut que la colonisation réussisse en Algérie à peine de perdre l'Afrique, maintenant surtout que le Gouvernement s'en est mêlé, car, s'il a échoué, qui osera le tenter après lui ?

Et cependant le sol y est admirable, car celui des villages les plus mal partagés, tels que Novi, Castiglione et Tefeschoum, est de beaucoup supérieur à celui de France.

Et cependant l'acclimatement est possible ; les éléments existent ; le travail est facile, la sécurité doit être établie. Toutes les conditions d'une bonne colonisation se rencontrent en Afrique. Moi-même, dans une précédente brochure, après avoir signalé les inconvénients de ces colons isolés, qui se rendaient en Algérie, et n'y pouvaient réussir, j'ai émis le vœu que le Gouvernement se mît à la tête de la colonisation et donnât une impulsion salutaire. L'essai qu'il vient de faire, essai avorté, comme on l'a vu, prouve-t-il qu'il ne puisse réussir ? Non, mais il doit se hâter d'abord d'arrêter ce mode de colonisation, qui lui coûte déjà quinze millions, ne pas jeter ce qui reste des cinquante millions dans ce gouffre, et procéder ensuite autrement à l'avenir.

D'abord, et avant tout, pour implanter une population française au milieu des Arabes, il faut adopter une marche progressive, grossir les centres de populations déjà établies, sans les jeter au loin, disséminées sans place arrêtée, sur une aussi grande étendue de pays en dehors de la protection qu'en cas d'insurrection elles doivent trouver, et sont en droit d'attendre du Gouvernement qui les y a placées.

Ensuite, il faut choisir le personnel des colons dans les paysans, les vrais cultivateurs dans les anciens soldats, dans les libérés du service; se défendre d'admettre aucun citadin, même de ceux venus de nos campagnes pour habiter les villes : car ceux-là désertent les champs pour jouir de l'existence des cités, et ne peuvent plus se faire à leurs anciens travaux ; ne plus admettre, au nombre des colons, des hommes exerçant un métier quelconque, et qui ne vont en Algérie, comme cela est arrivé, qu'avec l'arrière-pensée d'exercer leur état; en un mot, se pénétrer de cet adage vulgaire du bon sens : que pour cultiver une terre il faut des cultivateurs. Et, à cet égard, on répondra peut-être, qu'en désignant des soldats et des anciens libérés, je m'écarte du principe que je pose. Mais, à cet égard, je répondrai aussi que les vrais colons de l'Algérie ont été jusqu'ici les soldats qui, tant par leur soumission à l'autorité militaire, et la discipline qui en découle, que par l'emploi qu'ont fait les colons de leurs bras, ont appris les travaux des champs, et que la plupart enlevés à la charrue pour entrer au service sont retournés à leur première condition avec fruit et avec bonheur. Ceux-là sont acclimatés, ceux-là connaissent les ressources de l'Algérie, connaissent les mœurs des Arabes, et la manière d'agir avec eux, ceux-là enfin, si une révolte éclatait tout à coup, sauraient reprendre le fusil et défendre le sol qui leur serait confié. Le maréchal Bugeaud avait préconisé les colonies militaires; moi-même j'avais parlé du défrichement des terres par le soldat pour être données plus tard à des colons sérieux. J'ai peine à m'expliquer la répulsion qu'excite ce système dont je ne demande pas l'adoption exclusive, mais qui peut et doit entrer pour beaucoup dans le choix de ceux qu'on enverrait en Algérie; et je ne vois pas les motifs qui pourraient s'opposer à cette mesure si salutaire, car la qualité de soldat ne détruit pas celle de citoyen.

Une mesure à adopter encore serait une espèce de professeur d'agriculture qui surveillerait les travaux et ferait rentrer dans la bonne voie les colons qui s'en écarteraient. On a créé jusqu'ici des directeurs, des inspecteurs de colonisation, tout un état-major, et l'on n'a pas songé à mettre un homme qui instruise les colons inexpérimentés, qui vienne en aide aux efforts et aux progrès des colons intelligents.

A l'égard de l'administration des colonies agricoles, il y a aussi bien des améliorations à apporter. La première, pour avoir des directeurs sérieux de colonisation, des hommes zélés et actifs, c'est de leur présenter un avenir qu'on n'a pas songé à leur faire; de débarrasser cette administration des rouages inutiles et sans fin qui entravent la marche, de mesures qui ne sont efficaces que par leur promptitude. Il serait trop long d'énumérer ici combien d'autorités diverses ont part à l'administration de la colonisation, par combien de mains doit passer la réclamation d'un colon avant d'être accueillie, combien de visas et d'examens il lui faut subir, et enfin les nombreux conflits qui s'élèvent à cet égard entre l'autorité civile et l'autorité militaire, dont les pouvoirs ne sont pas assez clairement définis, dont les délimitations ne sont pas assez positivement établies. Mais comme cette question ne touche pas seulement à la colonisation, mais à toute l'Algérie, je la réserve pour la traiter plus bas d'une manière générale. Il en est de même pour le système de défense de l'Afrique, qui concerne en partie les colons, et sur lequel je reviendrai d'une manière plus étendue.

La dernière mesure que j'ai à conseiller pour les colons, c'est de les intéresser à la culture des terres; pour les obliger à travailler, il faut leur faire mettre quelque chose à eux appartenant dans le sol; on ne s'attache qu'à ce qui coûte, qu'à ce qu'on crée, qu'à ce qui vous appartient. Tel colon, qui sera venu en Afrique avec l'arrière-pensée de l'abandonner quand on ne devra plus le nourrir, y sera retenu par ses intérêts.

Enfin, il faut que le Gouvernement donne sérieusement une impulsion qu'il a dans ses vastes moyens, pour mener à bonne fin cette importante entreprise; avec ceux que j'indique, qu'on pourra améliorer, et qui d'ailleurs ne sont que des observations générales, on peut arriver à faire de l'Algérie une de nos plus riches colonies.

J'ai dit que des conflits répétés ne cessaient de s'élever entre l'autorité civile et militaire, et je dis maintenant que l'application de l'autorité civile est souvent nuisible et dangereuse sur la population arabe, au lieu de celle de l'autorité militaire.

En effet, l'autorité civile veut appliquer ses lois sans tenir compte de la situation particulière d'un pays qu'elle ne connaît pas, et l'autorité militaire, avec ses règles d'usage, de bon sens et de juste influence qu'elle exerce par l'épaulette sur un pays de mœurs féodales, se trouve en contact avec elle : dans cette lutte, l'autorité militaire doit céder devant un texte de loi. Elle ne protège plus ses caïds qui viennent à sévir contre un voleur ou un malfaiteur, qui insulte le pouvoir, d'après leurs usages anciens, qui ont sur nos peines l'avantage de la promptitude et du bon marché : car la justice civile lance un mandat d'amener, au nom de la loi, contre cet agent de l'autorité militaire, sous la prévention de coups et blessures, etc. La loi est là, le procureur de la République ne connaît que son texte, et il poursuit des délits de cette nature. Qu'en résulte-t-il ? que les agents indigènes, instruits de nos lois pénales, n'osent plus commander. Le territoire civil devient le moins sûr d'Algérie, le malfaiteur a beau jeu : ceux qui pourraient l'atteindre n'osent pas agir ; ceux qui pourraient l'arrêter sont impuissants à l'intérieur et sans agents capables de les aider.

Le service forestier devient à son tour intolérable en Algérie pour les indigènes. Il leur enlève leur pain sous prétexte de la conservation des bois. Qu'arrive-t-il ? des incendies journaliers de forêts s'allument sous les pas des gardes forestiers, au point qu'on peut presque les accuser de les allumer, car leurs tracasseries en sont cause. *Le bois brûlé pourra être enlevé sans procès-verbaux.* Voilà tout le secret de ces incendies.

Cette année principalement, aux environs de Coléah, où le service forestier se distingue par son activité et sa sévérité à faire exécuter toutes les prescriptions du Code qui les régit, les incendies se sont succédé tout l'été avec une force toute particulière, et qui laissait lire la main invisible qui les allumait.

Que la séparation du territoire civil et du territoire militaire soit prononcée le plus tôt possible, ou le pays tombe dans l'anarchie des autorités.

Que l'autorité civile règne en maîtresse pour tout ce qui est de l'administration dans les centres où sont agglomérées les populations européennes : c'est juste, convenable, indispensable ; mais qu'elle ne substitue pas tout à coup nos lois constitutionnelles à celles des Arabes avant que nous n'ayons pu faire l'éducation politique de ces populations. Un Arabe qu'on punira, le jour même de son crime, de la bastonnade, trouvera la peine plus juste et plus légère que s'il est puni de trois jours de prison, avec les formes lentes de notre justice, salutaires pour les Européens, ridicules et oppressives pour l'Arabe, qui attend le châtiment et n'en comprend pas la portée.

2.

Une amélioration à tenter, qui tendrait à amener la solution de la question que je traite, et qui, dans tous les cas, aurait des effets salutaires, serait le rétablissement de la direction des affaires arabes par la centralisation à Alger. Ce mode, qui existait sous le maréchal Bugeaud, offrait cet avantage inappréciable de connaître l'esprit politique du pays, les besoins des Arabes et la nature de leurs relations avec notre autorité ; les affaires arabes étaient dirigées dans chaque province par des officiers spéciaux, possédant la langue du pays, et qui, en rapports journaliers avec les indigènes, étaient plus à même de traiter les questions intéressant à un si haut degré notre domination dans le pays. Aujourd'hui, cette centralisation n'existe plus. Chaque commandant de subdivision a ses rapports particuliers, et cette direction n'est plus qu'un annexe très-secondaire de ses bureaux. La centralisation n'existant plus, chacun envisage les questions à son point de vue, sans se rattacher à un ensemble général.

J'ai dit, en commençant, que la position de la France lui commandait une grande réserve pour la valeur numérique de ses troupes en Algérie, et pour le budget affecté à cette province. Ces deux questions sont presque complexes : diminuez l'armée, vous diminuez le budget. Or, il est certain que la diminution des troupes dans ce moment-ci serait une faute, mais leur augmentation est impossible; et cependant, il peut arriver telle circonstance où cela paraisse nécessaire.

Je l'ai déjà dit, l'Afrique n'est pas conquise; elle est comprimée et soumise, rien de plus, j'en ai donné des preuves en traitant cette question. Il est donc nécessaire, pour prévenir toute insurrection partielle ou générale, qui serait funeste, quoiqu'il advînt, de suppléer à la valeur numérique des forces par une intelligente répartition et par la qualité des troupes.

A cet égard, j'ai déjà dit, dans une brochure publiée il y a quelques années, qu'une meilleure répartition des troupes sur les différents points du territoire permettrait d'arriver progressivement à une réduction, et je posais cette vérité palpable pour tout le monde, même pour celui qui n'est pas militaire, qu'une troupe placée dans une bonne position, plus faible numériquement, sera plus redoutable qu'une troupe plus forte placée dans une position inférieure. Or, les forces principales, en Afrique, se trouvent campées sur les côtes, et notamment la cavalerie. J'avais déjà signalé cet inconvénient; un commencement d'exécution suivit mon opinion à cet égard: quelque peu de cavalerie fut porté à Blidah et à

Medéah. Mais ce ne fut pas assez pour rendre salutaire mon système.

La topographie du pays se prête admirablement à l'exécution d'un projet qui conciliait à la fois la position de cette cavalerie au centre du territoire, coupé presque également par des plaines non interrompues, depuis la province d'Oran jusqu'à la province d'Alger, avec les facilités d'y vivre qu'aurait trouvées cette cavalerie. Cette répartition de troupes, aussi bien pour la cavalerie que pour l'infanterie, est beaucoup trop négligée. C'est par cette disposition et par des postes bien répartis qu'on pourra suppléer au nombre. Le talent des hommes de guerre ne consiste pas seulement à soumettre des populations, il consiste aussi à les savoir garder avec peu de forces et à peu de frais. Si César fut grand par sa conquête des Gaules, il ne le fut pas moins par son occupation quand la conquête fut achevée. Deux légions romaines suffirent à garder le pays : et ce ne fut certainement pas sur les côtes qu'il plaça ces légions et la cavalerie numidique.

Dans la nomenclature des postes que j'avais désignés dans ma dernière brochure, comme devant être occupés par la cavalerie, j'avais cité Tiaret, sur les hauts plateaux du Tell, dominant les plaines du petit désert. Je savais qu'effectivement c'était un ancien poste romain ; mais ce que j'ignorais et ce que j'ai découvert depuis, c'est que c'était une aile numidique qui l'occupait. Je rappelle cette circonstance comme une preuve de la nécessité d'y avoir de la cavalerie, et c'est pour cela que nous y avons de l'infanterie.

Quant à la qualité des troupes, il faut que les régiments d'Afrique ne reçoivent pas des recrues mais des soldats faits, notamment dans la cavalerie, où l'instruction est plus longue et plus difficile que dans l'infanterie. Ainsi, j'ai vu des régiments de cavalerie ayant 500 chevaux à l'écurie, et 400 recrues qui ne pouvaient pas encore les monter. Il y a donc urgence de revenir au système qui était encore suivi en 1841, celui de recruter les régiments d'Afrique d'hommes faits et pris dans les régiments de l'intérieur.

Il y a lieu aussi, pour cette question, d'armer d'une manière plus convenable, et plus appropriée à leur genre de service, quelques régiments destinés à rester en Afrique, notamment les Zouaves qui, par leur équipement et le service qu'ils sont appelés à faire, devraient être armés d'armes de jet, de carabines à tige.

En un mot, substituer pour la force de nos troupes en Afrique la qualité à la quantité, les mieux répartir, suivant leur arme, sur le terrain où leur action puisse se faire sentir davantage; s'établir dans les centres du pays avec toutes nos

forces vives, c'est arriver à la sécurité des natio-
naux, au maintien des indigènes, à l'assurance
de conserver l'Algérie et à de notables économies
d'hommes et d'argent.

Mais, pour compléter cette question de sécurité et de conservation, il faut, tout en énumé-
rant les causes qui peuvent fortifier notre domination, signaler toutes celles dont l'abus pourrait
la compromettre. Ainsi, les expéditions qui nous
ont donné le plus de force, qui ont convaincu
les Arabes de la puissance de notre supériorité,
il faut bien se garder aujourd'hui de les multiplier sans nécessité et à l'aventure, de crainte
d'en amoindrir le prestige. Le temps des expéditions est passé : elles ne sont plus nécessaires
comme à l'époque où notre domination peu assu-
rée l'exigeait. Le Tell, proprement dit, qui forme
l'ancienne régence d'Alger, ne s'étendait pas beaucoup au delà des hauts plateaux qui regardent le
sud. Les Turcs, qui connaissaient bien le pays, les
besoins des tribus du sud et qui savaient très-bien
que pour se nourrir elles devaient avoir recours
aux céréales de la régence, étaient certains par là
de les tenir dans la soumission, et, pour quelques-
unes d'entre elles, de leur faire payer le tribut.
Pourquoi donc, dans notre politique, n'en agi-
rions-nous pas ainsi? Nous tenons les clefs du
grenier, c'est à nous de ne l'ouvrir qu'à certaines

conditions. Ce serait donc une faute d'autant plus grande, de se lancer de nouveau dans ces expéditions, que leur résultat aujourd'hui est d'amasser la haine dans le cœur des Arabes ou de manquer tout à fait l'effet que nous espèrerions produire. C'est d'ailleurs nous ôter, pour l'avenir, les ressources commerciales, si importantes, qu'on pourrait lier avec l'intérieur de ce vaste continent; nos débuts en ce genre sont déjà assez considérables pour attirer l'attention du Gouvernement, afin de ne pas nous laisser devancer par les Anglais, qui, par le Maroc, nous feraient concurrence. On peut citer, à Alger, telles maisons qui font, en articles de Saint-Quentin et d'Alsace, etc., plus de deux cent mille fr. par mois.

Quant à la Kabylie, sans doute nous devrions désirer être les maîtres de ces montagnes. Le Kabyle n'est pas notre ami, il est vrai, mais c'est du moins un ennemi très-sage. On ne vient pas l'attaquer, il n'attaque pas; dès-lors, rien ne presse pour un grand développement de forces à faire contre eux. Il est donc prudent, dans notre situation, de ne rien hasarder dans un pays que la nature a pris soin de défendre seule, qui, de plus, a des hommes qui savent manier le fusil, et qui habitant des maisons, et non pas des tentes, ont leurs foyers à protéger, et y apporteraient le courage du désespoir.

Quelques expéditions dans la Kabylie, qui ont eu lieu cette année, étaient sans doute commandées par la nécessité, celles de l'est surtout. Conduites avec énergie par des généraux qui avaient la suprême intelligence de la guerre, elles ont eu pour résultat la défaite des Kabyles; ceux qui ont résisté, ont eu leurs maisons brûlées et les autres ont payé un large tribut. Mais enfin, après avoir pénétré chez eux, il a fallu revenir. Aux yeux des Arabes, celui qui s'en va passe pour ne pas être le plus fort. Il pourrait, dans une circonstance donnée, en résulter un fâcheux effet qu'il faut éviter.

Lorsque, sérieusement, on tentera une expédition sur la Kabylie, on devra l'occuper militairement, y établir des postes et assurer des communications. Si ce moment n'est pas arrivé, puisque l'état des forces ne le permet pas, il vaut mieux s'abstenir d'expéditions pareilles et se contenter de continuer avec les Kabyles les transactions commerciales d'échange, qu'on avait déjà commencé à établir d'une manière très-avantageuse.

La province de Constantine est la seule de l'Algérie pour laquelle on a procédé d'une façon différente que pour les autres. On s'est borné à profiter de l'espèce de panique que jetaient autour d'elle le siége et la prise de la capitale, pour se contenter d'une demi-soumission, d'un impôt plus ou moins régulièrement payé, pour ne pas augmenter sans doute les embarras que nous avions ailleurs. Mais on a laissé durer trop long-temps ce provisoire, et aujourd'hui, qu'on veut le régulariser, connaître au juste amis et enne-mis, arriver enfin à une entière soumission, on rencontre de l'opposition, du mauvais vouloir, le refus de l'impôt, presque la résistance.

Une expédition malencontreuse est venue compliquer la situation. Les pertes que nous y avons essuyées ont eu des conséquences morales de la plus haute gravité contre le prestige de notre domination et la force de nos armes. Une nou-velle expédition est aujourd'hui entreprise pour venger cet échec. Douter du succès matériel, douter de la victoire serait faire injure à notre brave armée et aux généraux qui la commandent. Cependant, ce qu'il y a de regrettable, c'est que dans la situation des esprits de cette province, on soit obligé de réunir toutes les forces vives dont on dispose et de laisser presque sans garni-son, à soixante lieues derrière soi, une ville comme Constantine, qui ne compte que 1,700 Eu-ropéens sur 25,000 Arabes, dont les sentiments sont si peu sûrs à notre endroit; d'abandonner, en outre, notre seule communication avec la France, la route de Constantine à Philippeville, et de n'avoir, pour faire face à toutes ces éventualités, que quelques centaines d'hommes. Il faut, pour aboutir à Philippeville, traverser une partie des montagnes de la Kabylie. Que quelques tentatives aient lieu sur cette route, que quelques têtes coupées viennent jeter l'épouvante parmi les colons disséminés sur ces différents points, le mal produit sera incalculable et retardera pour longtemps la colonisation. Sans doute, il est probable que pareille chose ne saurait arriver, mais, du moment que cela est seument possible, il est imprudent d'en courir les chances.

J'ai reçu, à cet égard, la lettre d'un homme qui a exercé et exerce encore une grande autorité dans l'Afrique, et qui vient à l'appui de ce que j'avance.

Voici un extrait de cette lettre. « La situation de la province de Constantine, comme vous la peignez, est frappante de vérité, et vos calculs de préoccupation pour l'armée me semblent extrêmement justes. — Jouer ainsi sa principale communication et le centre d'occupation, c'est une grande témérité, et probablement une lourde faute, que le peuple vaincu pourrait facilement relever à son profit et à notre honte. Déjà, il y a un an à peine, une conspiration très-sérieuse, dont le foyer était à Constantine et les fils directeurs dans les Aurès, a été déjouée par miracle.

Sera-t-on assez heureux cette fois, en cas que les indigènes profitent de l'occasion offerte.

«Cette province de Constantine ressemble à un grand tableau dont quelques parties sont finies, léchées même, et dont l'esquisse générale n'est pas terminée. De telle sorte que quand on voudra décidément achever le tableau et tracer une esquisse d'ensemble et raisonnable, ces parties léchées pourront bien ne compter pour rien dans le travail général. — Quelle différence avec la province de l'ouest. Là tout est calcul; et ce, parce que tout est connu dans les moindres détails, terrains, hommes, relations et influences; tout a été vu, attaqué, examiné et pesé avec soin. Il n'est pas un rocher, un fond de ravin qui ne porte l'empreinte du passage de nos troupes; pas un chef arabe, pas un chef de bande qui n'ait résisté le fusil haut, et qui, vaincu, n'ait posé les armes et ne soit venu dans nos tentes saluer le conquérant. — Et voilà ce qu'on n'a pas fait dans la province de Constantine, et ce qui reste à faire, si l'on veut calculer l'avenir de la conquête.

«Vous rendrez un grand service, mon général, si vous pouvez à la fois persuader de ces vérités les conseils du Gouvernement, et obtenir que les moyens de succès soient accordés.— Nulle part, en Afrique, les forces ne seraient suffisamment organisées en cas de révolte; les colonies agricoles sont en avant-garde sur plusieurs points, et par conséquent fort compromises, depuis Tiaret jusqu'à la mer. Dans ce cas, nous n'avons pas de point d'appui pour nos colonnes, un point central menaçant contre les Arabes. — Les grandes questions et celles de l'organisation et du placement de la cavalerie en Afrique, vont donner à vos observations une bien grande importance. Il en peut résulter un grand progrès pour l'avenir de la conquête, et je m'abandonne à l'espoir du succès en vous félicitant du beau rôle qui vous revient. »

Je pourrais entrer dans de bien autres détails sur cette question d'expédition : mais ce que j'écris à l'appui de la question générale suffira pour faire juger de la nécessité des réserves qu'il faut y apporter.

Quant à la question des dépenses qu'il faut aussi diminuer, outre ce que nous avons déjà signalé pour l'armée, il est une foule d'autres choses qu'une administration sage et intelligente peut régler à l'avantage du Trésor.

Comme exemple, nous donnerons l'approvisionnement des foins.

J'ai signalé à cet égard, dans mes brochures, les marchés passés avec l'Espagne, Naples, l'Angleterre, et je disais que le sol de l'Afrique était assez riche pour fournir à la consommation de notre cavalerie et de toutes les bêtes de somme. J'ajoutais que les colons étaient révoltés de cet oubli de tous leurs intérêts, lorsqu'ils voyaient nos armées aller s'approvisionner à l'étranger, tandis que leurs terres offraient du foin en quantité suffisante, à meilleur marché et de qualité supérieure; qu'il était juste au moins qu'on leur donnât la préférence, et que l'argent de la France retournât aux Français. On a en effet cessé ces marchés avec l'étranger, mais on a mal accompli le reste de la mesure que je proposais. On a tiré, l'année dernière, les grands approvisionnements en fourrages de la seule province de Bone, et on les a emmagasinés, pour plus d'une année, pour les provisions des provinces d'Oran et d'Alger, localités qui pouvaient fournir surabondamment à leur propre consommation et à celle de toute la cavalerie qui y réside; pour la province d'Oran, principalement, ce privilége accordé à Bone est d'autant plus maladroit, que le territoire de la première province possède plus de fourrage qu'il n'en faudrait pour toute l'Afrique.

Or, qu'est-il résulté de cette injuste et impolitique mesure? Les immenses approvisionnements achetés sous les yeux des colons qui en avaient à vendre, ont excité leur indignation et leur désespoir. Et l'on s'étonne ensuite que la malveillance ait porté l'incendie dans les magasins de fourrage. De Constantine à Blidah , de Blidah à Alger, d'Alger à Oran, tous ont été brûlés. Tel est le résultat funeste de cette opération qui, outre qu'elle était injuste, était mal conçue : car il n'y avait aucune nécessité de faire à la fois de si grands approvisionnements dans des contrées où les terres sont remplies de fourrages.

Ces approvisionnements à Bone ont aussi donné lieu à un établissement destiné à presser les foins, où des dépenses inutiles et mal entendues ont été prodiguées. Nous en pouvons donner les détails. Une machine à presser, tirée d'Angleterre, s'est élevée à la somme de 130,000 fr.; les réparations et les remplacements à plus de 80,000 f.; les bâtiments construits par le génie à 10,000 fr., avec les rails qui du corps de bâtiment vont aux meules ; total enfin : 200,000 fr. Ce n'est pas tout, l'entretien est plus onéreux encore. Comme on ne peut faire aller ces meules par la vapeur, à cause de l'absence de houille, on est obligé d'y employer trente mulets qui se relèvent alternativement, et douze ou quinze hommes qu'on paie et qu'on nourrit; et tout cela, pour un établissement mauvais dans son application, fâcheux dans l'esprit du pays, et dangereux parce qu'il excite les passions. Que cette machine à fouler ait été utile pour envoyer du foin en Italie, je ne dis pas le contraire ; mais comme elle n'avait pas été faite pour cela , puisqu'elle remonte bien avant notre expédition , ce motif ne saurait être plausible.

Puisque j'en suis aux économies, je signalerai celles qu'on pourrait obtenir par les produits des haras créés en Afrique, desquels on ne prend pas toute la sollicitude qu'ils méritent.

Ces haras, à l'instar de celui de Mostaganem, ont été établis dans chaque province. Celui-ci, qui peut rivaliser avec les plus beaux de France, aurait besoin de recevoir quelques subsides, non pas de la guerre, mais du Gouvernement lui-même qui devrait lui donner tout le développement susceptible, et il en peut avoir un immense. Les Arabes ont pris ces établissements tellement au sérieux qu'ils ne peuvent suffire à tous les besoins. Chaque année, plus de 6,000 chevaux, montés par des Arabes, se rencontrent pour assister aux courses de Mostaganem. Une impulsion, des subsides donnés par le Gouvernement contribueraient bientôt à propager en Afrique la race chevaline, au point qu'elle devrait servir à remonter toute notre cavalerie légère. Les chevaux barbes sont d'une espèce incomparable : ils sont à la fois durs à la fatigue, sobres et dociles au cavalier.

En me résumant, je demande qu'on renonce immédiatement au mode de colonisation entrepris, comme le plus funeste et le plus désastreux pour nos finances, réservant ce qui reste des cinquante millions votés pour être appliqués à un meilleur système de colonies agricoles.

Pour l'ordre et l'unité, je demande que la direction des affaires arabes soit reconstituée ; que la séparation du territoire civil et militaire soit plus exactement marquée, tout en laissant au Gouverneur général une grande initiative sous sa responsabilité proportionnelle : et cela, parce que l'action militaire doit être pour longtemps encore dans le pays la première aux yeux des Arabes.

Je demande qu'on s'en tienne à la possession du Tell, ou, autrement dit, à ce qui constituait l'ancienne régence d'Alger, sans se lancer dans des expéditions lointaines au sud, ou contre les Kabyles, jusqu'à ce que notre autorité, plus affermie, nous laisse le loisir de faire une réelle et définitive expédition à laquelle il faudra nécessairement songer un peu plus tard.

Je demande enfin une meilleure répartition des troupes dans le pays ; l'occupation des points tels que je les ai indiqués dans ma brochure de 1847, c'est-à-dire dans l'intérieur, en mettant la cavalerie dans les plaines, l'infanterie dans les postes

également indiqués, où se prêtant un mutuel secours, ces différentes armes auront la possibilité
de maintenir plus sûrement les tribus sous notre
domination, et de pouvoir y trouver leur subsi-
stance, avantage pour l'occupation et économie
pour le Trésor.